LOUIS DAGUERRE

GRANDES INVENTORES
DISCOVER THE LIFE OF AN INVENTOR

Don McLeese

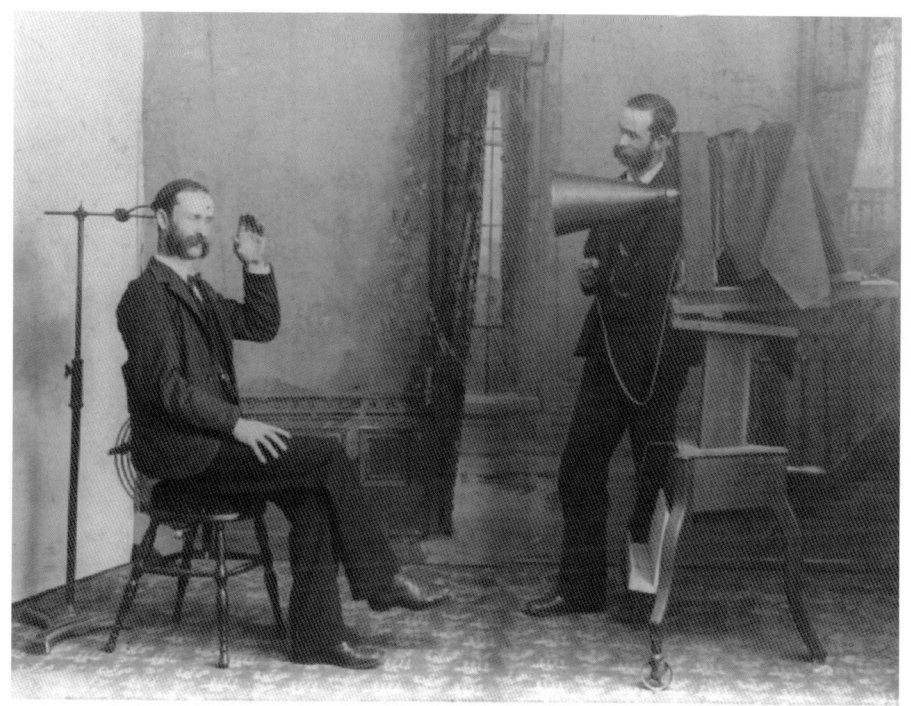

Rourke Publishing LLC
Vero Beach, Florida 32964

© 2006 Rourke Publishing LLC

All rights reserved. No part of this book may be reproduced or utilized in any form or by any means, electronic or mechanical including photocopying, recording, or by any information storage and retrieval system without permission in writing from the publisher.

www.rourkepublishing.com

PHOTO CREDITS: Cover, pgs 10, 13, 15, 16 ©Getty Images; Title, pgs 4, 18a, 21 from the Library of Congress; pgs 7 , 8 courtesy of the University of Pennsylvania Library; pg 18b ©Ruth Tsang

Title page: *Las primeras fotos tomaban mucho tiempo. La gente tenía que permanecer sentada sin moverse por largo rato.*
It took a long time to make an early photo, so sitters had to remain still.

Library of Congress Cataloging-in-Publication Data

McLeese, Don.
 [Louis Daguerre. Spanish]
 Louis Daguerre / Don McLeese.
   p. cm. -- (Inventores famosos)
 Includes bibliographical references and index.
 ISBN 1-59515-672-0 (hardcover)
 1. Daguerre, Louis Jacques Mandé, 1787-1851--Juvenile literature. 2. Inventors--France--Biography--Juvenile literature. 3. Photographers--France--Biography--Juvenile literature. I. Title. II. Series.
 TR140.D3M3518 2006
 770'.92--dc22

2005023025

Printed in the USA

Rourke Publishing
1-800-394-7055
www.rourkepublishing.com
sales@rourkepublishing.com
Post Office Box 3328, Vero Beach, FL 32964

TABLA DE CONTENIDO
TABLE OF CONTENTS

Una invención excepcional / A Remarkable Invention	5
Nacido en francia / Born in France	6
Un futuro pintor / A Promising Painter	9
Artista e inventor / An Artist and Inventor	11
La primera cámara / The Early Camera	12
Tomar fotografías / Taking Pictures	14
Del daguerrotipo a la fotografía moderna From Daguerreotype to Modern Photography	18
Fechas importantes / Important Dates to Remember	22
Glosario / Glossary	23
Índice / Index	24
Lecturas adicionales / Sitios en la Red Further Reading / Websites to Visit	24

UNA INVENCIÓN EXCEPCIONAL

Louis Daguerre contribuyó al **invento** de la **fotografía**. Antes de este invento, si alguien quería un retrato, tenía que ser dibujado o pintado. No existía la película y no había **cámaras**. No era posible apretar un botón y tomar una foto. Louis Daguerre hizo esto posible.

A REMARKABLE INVENTION

Louis Daguerre helped **invent** what became known as **photography**. Before that time, if you wanted a picture of something, you had to draw or paint it. There was no film. There were no **cameras**. There was no such thing as pushing a button and taking a picture. Louis Daguerre helped make photographs possible.

Los jóvenes viajaban a París para estudiar pintura.

Students came to Paris to study painting.

NACIDO EN FRANCIA

Louis Jacques Mande Daguerre (se pronuncia Dagér) nació en Francia, el 18 de noviembre de 1787. De niño, tenía inclinaciones artísticas. Cuando era jovencito, comenzó a trabajar como **aprendiz** de un **arquitecto**, ayudando a diseñar edificios. A los 16 años se hizo aprendiz en un teatro. Ayudaba a diseñar el escenario y la iluminación para las obras.

BORN IN FRANCE

Louis Jacques Mande Daguerre (pronounced duh GAIR) was born in France on November 18, 1787. As a boy, he was very artistic. In his early teens, he began working as an **apprentice** to an **architect**, helping to design buildings. At age 16, he became an apprentice in a theater. He helped design the sets and lights for plays.

A youthful Louis Daguerre   *Louis Daguerre de joven*

UN FUTURO PINTOR

Como parte del diseño de los escenarios, Louis comenzó a pintar. Pintaba escenas que eran utilizadas en las obras de teatro. Por ejemplo, si la obra tenía lugar en la ciudad, Louis pintaba varios edificios. Louis trataba que sus pinturas fueran lo más realistas posibles.

A PROMISING PAINTER

As part of his stage design, Louis started to paint. He would paint scenes that were used in the theater. If the play was supposed to be taking place in a city, Louis would paint a bunch of buildings. He tried to make his paintings look as real as possible.

Antes de experimentar con la fotografía, Louis Daguerre fue pintor.

Before he experimented with photography, Daguerre was a scene painter.

ARTISTA E INVENTOR

En 1822, mientras trabajaba en el teatro, Louis y otro pintor inventaron un nuevo tipo de escenario completamente distinto. Daguerre lo llamó **diorama**. Tenía muchas capas y diferentes secciones, con objetos reales y también grandes partes pintadas. La luz iluminaba diferentes partes del diorama para mostrar cuál era la hora del día.

AN ARTIST AND INVENTOR

In 1822, while still working in the theater, Louis and another painter invented a whole new kind of stage scene. Daguerre called it a **diorama**. It had lots of layers and different sections, with real objects as well as huge painted parts. The light would shine on different parts of the diorama to show what time of day it was.

Ilustración de un diorama de Louis Daguerre

An illustration of Daguerre's diorama

LA PRIMERA CÁMARA

Antes del invento de la cámara, lo que existía era una caja enorme, lo suficientemente grande para que cupiera una persona. Se le llamaba cámara oscura. Tenía un agujero para que le entrara la luz. La luz formaba, dentro de la caja, una **imagen** de lo que estuviera fuera del agujero. Un artista podía entonces trazar el contorno de esa imagen. Un pintor como Louis, usaba la cámara oscura para hacer el contorno de sus dibujos.

THE EARLY CAMERA

Before there were cameras, there was a big box, large enough for a person to enter. It was called a camera obscura. There was a tiny hole in the box that let light in. The light would form an **image** on the inside of the box of whatever was outside the hole. An artist could then trace the outline of this image. A painter like Louis used the camera obscura to make outlines for his drawings.

A drawing that shows how a camera obscura works

Ilustración que muestra cómo funciona una cámara oscura

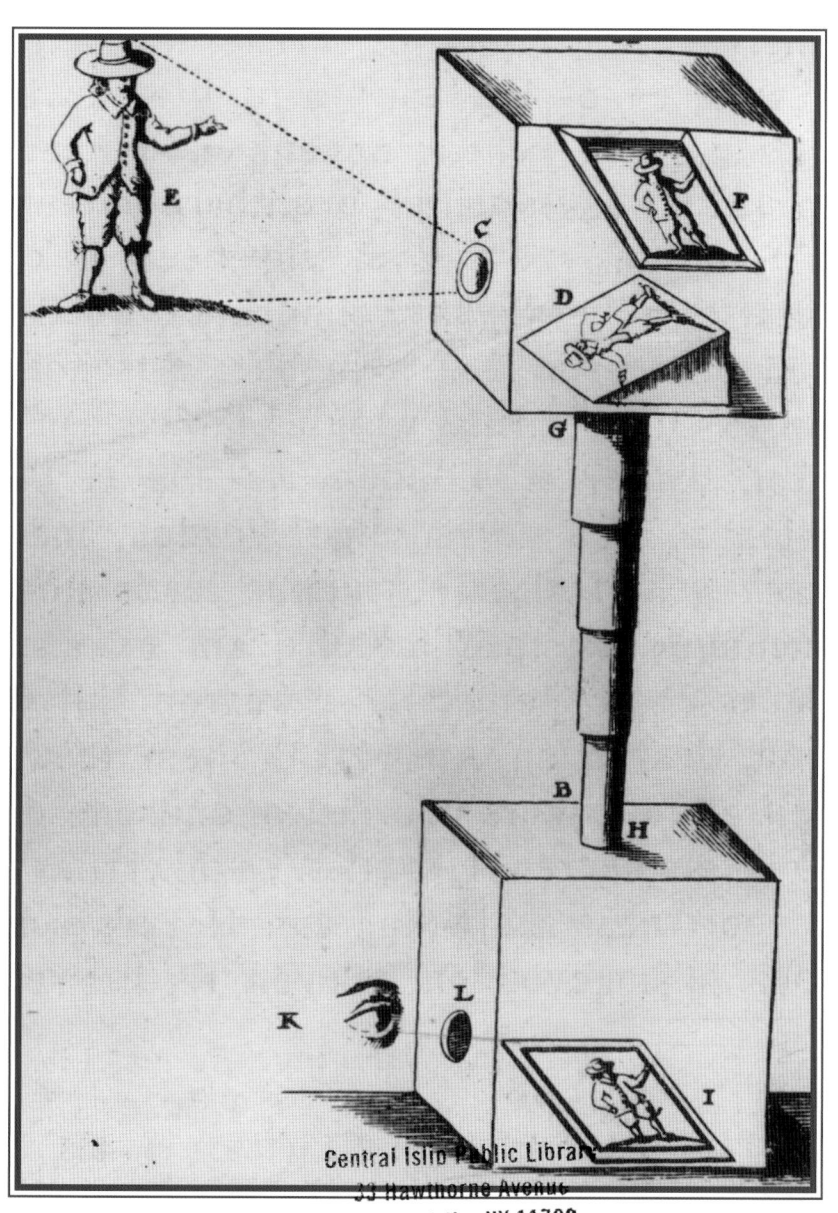

TOMAR FOTOGRAFÍAS

Muchos inventores querían lograr que la imagen en la pared de la cámara oscura quedara fijada a la pared, incluso sin la luz.

En 1826, un inventor francés llamado Joseph Niepce (se pronuncia Nieps) utilizó productos químicos sobre una placa de metal para hacer la imagen. El único problema fue que le tomó ocho horas para que la imagen se hiciera **permanente**.

TAKING PICTURES

Inventors wanted to find a way to turn the image on the wall of a camera obscura into a picture that would stay, even without the light.

In 1826, a French inventor named Joseph Niepce (pronounced NYEPS) used chemicals on a metal plate to make an image. The only problem was that it took eight hours for this picture to become **permanent**.

Joseph Niepce
about 1795

Joseph Niepce
alrededor de 1795

En la década de 1830, Louis Daguerre insistió en **experimentar** con productos químicos para crear la imagen. En 1837 lo logró tomándole solamente de 15 a 30 segundos.

In the 1830s, Louis Daguerre continued to **experiment** with chemicals to make an image. By 1837, he was able to make an image with chemicals that took only 15 to 30 seconds.

En las tomas de las primeras fotografías, había que permanecer sentado de 15 a 30 minutos. Esta persona fue asegurada para que no pudiera moverse.

The earliest photographs required sitters to remain still for 15 to 30 minutes. This sitter is clamped into place so he won't move.

DEL DAGUERROTIPO A LA FOTOGRAFÍA MODERNA

La primera imagen de este tipo fue llamada daguerrotipo, en honor a su inventor. Este fue el inicio de la fotografía moderna.

FROM DAGUERREOTYPE TO MODERN PHOTOGRAPHY

An early picture like this was called a "daguerreotype" (pronounced duh GAIR e oh tipe), in honor of its inventor. This was the beginning of modern photography.

Un daguerrotipodel Capitolio de Estados Unidos tomado en 1846.
Inserto: una foto moderna del capitolio, como a parece hoy en día.

A daguerreotype of the U.S. Capitol taken in 1846.
Inset: a modern photo of the Capitol as it appears today.

Louis Daguerre murió el 10 de julio de 1851. Sus placas metálicas fueron reemplazadas posteriormente por películas y usadas en una cámara capaz de tomar una foto en menos de un segundo. Ha sido gracias al invento de Louis que hoy en día podemos tomar fotos con increíble facilidad.

Louis Daguerre died on July 10, 1851. His metal plates were later replaced by film, in a camera that could take a picture in less than a second rather than half a minute. It was the process that Louis invented that lets us take pictures so easily today.

Louis Daguerre, the man who made modern photography possible

Louis Daguerre, el hombre que hizo posible la fotografía moderna

FECHAS IMPORTANTES
IMPORTANT DATES TO REMEMBER

1787   Nace Louis Daguerre.
            Louis Daguerre is born.

1803   Louis trabaja de aprendiz en un teatro.
            Louis becomes an apprentice in the theater.

1822   Louis contribuye al invento del diorama.
            Louis helps invent the diorama.

1826   Joseph Niepce inventa un proceso para crear imágenes en placas de metal.
            Joseph Niepce invents a process for making images on a metal plate.

1837   Louis inventa el daguerrotipo, que da lugar a la fotografía moderna.
            Louis invents the daguerreotype, which led to modern photography.

1851   Muere Louis Daguerre.
            Louis Daguerre dies.

GLOSARIO / GLOSSARY

aprendiz — persona que aprende algún arte u oficio
apprentice (uh PREN tus) — a beginner who is learning how to do a job

arquitecto — persona que se dedica a proyectar edificios
architect (AR kuh TEKT) — someone who draws plans for a building

cámaras — objeto que toma fotos y rueda películas o videos
cameras (KAM ur uhz) — objects that take pictures, movies, or videos

diorama — grupo de escenas de un teatro con diferentes partes
diorama (DY uh RAM uh) — a large set of theater scenes with different parts

experimentar — probar o examinar las propiedades de algo
experiment (ek SPARE uh ment) — a test of something; to try something out

imagen — una ointura o dibujo que muestra la forma de una persona, un lugar o una cosa.
image (IM ij) — a picture or drawing that shows the form of a person, place, or thing.

inventar — crear algo como resultado de experimentos
invent (in VENT) — to make something; developed from experiments

permanente — que no va a sufrir cambios
permanent (PER muh nunt) — lasting without change

fotografía — el proceso de tomar fotos
photography (fuh TOG ruh fee) — the process of taking pictures

ÍNDICE / INDEX

aprendiz 6
arquitecto 6
cámara oscura 12-14
cámaras 5
daguerrotipo 18-19
diorama 10-11
fotografía 5
muerte 20
nacímiento 6
Niepce, Joseph 14
película 20
productos químicos 17

apprentice 6
architect 6
birth 6
camera obscura 12-14
cameras 5
chemicals 17
daguerreotype 18-19
death 20
diorama 10-11
film 20
Niepce, Joseph 14
photography 5

Lecturas Recomendadas / Further Reading

Bankston, John. *Louis Daguerre and the Story of the Daguerreotype.*
    Mitchell Lane, 2004
Hills, Larry. *The Camera (Great Inventions).* Fact Finders, 2004

Sitios en la Red / Websites to Visit

http://www.rleggat.com/photohistory/history/daguerr.htm
http://photography.about.com/library/dop/bldop_ldague.htm

Notas Sobre el Autor / About the Author

Don McLeese is profesor asociado de periodismo de la Universidad de Iowa. Ha ganado muchos premios como periodista y su trabajo ha sido publicado en numerosos periódicos y revistas. Ha escrito muchos libros para jóvenes lectores. Vive en West Des Moines, Iowa, con su esposa y sus dos hijas.

Don McLeese is an associate professor of journalism at the University of Iowa. He has won many awards for his journalism, and his work has appeared in numerous newspapers and magazines. He has written many books for young readers. He lives with his wife and two daughters in West Des Moines, Iowa.